I0710868

Holos Arts Project

Como mejorar la convivencia en pareja
(reflexiones y actividades)
Escrito por el psicoterapeuta Carlos Robles

Cómo mejorar la convivencia en pareja

(reflexiones y actividades)

Escrito por el psicoterapeuta

Carlos Robles

PsicoterapiaⁱRC

Contenido

Presentación

María y Paco tenían dos hijos -el mayor, de doce años, llamado como su papá Francisco y Mariana, una pequeña de diez años-. Después de trece años de matrimonio, la pareja había decidido separarse. La razón principal que los llevaba a tomar esa decisión, eran las peleas constantes entre ellos, las cuales se habían incrementado en los últimos meses. Afortunadamente, no habían llegado a la violencia física, pero ambos reconocían que faltaba poco para que eso sucediera pues los dos se habían faltado al respeto muchas veces, insultándose.

Cuando llegaron al consultorio y empezaron a platicar acerca de su situación, los reclamos entre uno y otro afloraron precipitadamente, como si se tratara de un juicio en el que se encontraría al culpable de haber propiciado la destrucción de esa familia, para castigarlo. Desde luego que cada uno de ellos consideraba que tenía la razón, y que la otra persona tenía un gran porcentaje de la culpa.

¿Es posible que entre dos personas exista una sola realidad?

En el turno de Paco, el panorama planteado por él mismo lo colocaba como un ser incomprendido que había dado todo por el bienestar de su familia. Trabajaba desde temprano hasta tarde, y en algunas ocasiones en fin de semana; con la finalidad de que no faltara lo indispensable en casa. Sin embargo, él consideraba que ella no lo apoyaba y que no comprendía todo el esfuerzo que él ponía diariamente en la relación. Después de todo, Paco solamente pedía un lugar donde descansar después de la jornada laboral, y ser atendido por su esposa. Sin embargo, según decía, lo que recibía todos los días eran reproches y quejas; la cena no estaba lista cuando él llegaba, todo era un desorden en la casa, y por si fuera poco, Paquito su hijo tenía problemas en la escuela.

María, por su parte, se quejaba de él llamándolo desconsiderado y mal padre. Le reclamaba los sábados de juerga con sus amigos, los domingos de televisión y encierro, así como la falta de atención a los problemas relacionados con la educación de los hijos y los asuntos de la casa. Ambos habían llegado a distanciarse el uno del otro, haciendo que su relación se plagara de discusiones y experiencias desagradables.

¿Qué pasó con el amor que Paco le había jurado a María?

¿Dónde estaba el amor que alguna vez María había sentido por Paco?

¿Es acaso que el amor desaparece con el matrimonio?

Casos como el de María y Paco, hay muchos, cada uno con sus particularidades, pero esencialmente con la misma problemática: ruptura de la relación por falta de conocimiento acerca del cómo convivir en pareja, es decir: carencia del aprendizaje, por parte de los dos, de cómo vivir en matrimonio.

Nadie nos enseña lo que es la vida en pareja. Cuando nos casamos, nada sabemos de cómo crecer y desarrollarnos como esposa y esposo, como madre y padre. No tenemos claridad de cómo será nuestra vida al lado de la persona que amamos. Simplemente, iniciamos la experiencia tratando de dar lo mejor de nosotros mismos. Sin embargo, en muchas ocasiones no resulta tan sencillo. Nuestros padres tuvieron que enfrentar la misma situación, y trataron de la mejor manera resolver todos sus asuntos diarios en la convivencia cotidiana, al igual que millones de parejas. Pero... ¿será posible establecer algunos lineamientos básicos para aprender a vivir en pareja y ser feliz en el matrimonio?

El presente libro ofrece una serie de reflexiones derivadas de la experiencia de trabajar en sesiones de psicoterapia de pareja, donde las problemáticas planteadas han sido fuente directa de análisis y estudio; dando como resultado temas y ejercicios estructurados en este volumen como un taller para mejorar la convivencia en la pareja.

Apoyado en las diferentes propuestas de la Psicoterapia Breve, así como en la Programación Neurolingüística y la Psicología Cognitiva, los apartados que a continuación se presentan tienen como finalidad acercar a las personas involucradas en situaciones de conflicto de convivencia humana. De esta manera, pongo en sus manos una guía sencilla y práctica que les ayude en el camino del aprendizaje de cómo vivir en armonía con la pareja.

Recomendaciones

En este libro encontrará algunas recomendaciones prácticas y actividades dirigidas a la pareja, sin embargo, entendemos que el acercarse a este libro obedece a una inquietud genuina y personal para mejorar la convivencia con su pareja. Por lo tanto, es sabido que en ocasiones la iniciativa es tomada por uno de los integrantes de la pareja, y que posteriormente se le une la otra persona. Por lo anterior, recomendamos a quién haya tomado la iniciativa, invite cariñosamente a su pareja a leer también el libro y recorrer juntos las reflexiones, así como las actividades aquí propuestas. Si no es posible al inicio, no le exija a su pareja la participación inmediata, le sugerimos que conforme avance en la lectura y la práctica de las actividades planteada,s comparta con su pareja sus apreciaciones, experiencias y reflexiones para motivarla a integrarse a una dinámica que beneficiará a ambos.

También, es un libro inclusivo. En ocasiones me refiero a casos específicos, pero en mi práctica de terapia de pareja en consultorio, he tenido la oportunidad de dar servicio a parejas diversas; las problemáticas siguen siendo las mismas aún cuando se trate de parejas del mismo género.

Por otro lado, es importante comentar que este libro no sustituye la posibilidad de que las parejas en situación de conflicto contacten directamente con un psicoterapeuta para programar sesiones de terapia e iniciar un proceso de solución de conflictos y mejora de la relación. Tener el apoyo de un psicoterapeuta que conozca su situación en particular, y brinde soluciones directas, es siempre aconsejable. En todo caso, que este libro constituya una introducción, una aproximación, para que usted conozca los procesos terapéuticos que se realizan durante una terapia de pareja.

El ser humano holista

Antes de pasar al tema que nos ocupa en este libro de convivencia en pareja, es conveniente señalar que si la persona lleva una vida saludable -psicológica, mental y emocionalmente-, tendrá más fortalezas para aportar a la vida en pareja. A la medida en que ambos cuiden estos aspectos, la relación contará con más atributos para su bienestar.

La propuesta está fundamentada en el enfoque del *Ser Humano Holista*, dicho de otra forma, un *Ser Humano Total*, donde todos sus atributos fluyen sana y naturalmente y se relacionan sinérgicamente; es decir que nuestra mente, fisiología y emociones interactúan en armonía potencializando sus particulares características y fortaleciendo nuestro ser trascendente.

Ser Cognitivo

Esta parte de nuestro Ser está compuesta por nuestros pensamientos, ideas, conceptos, sueños, fantasías, quimeras, etcétera, así como nuestras funciones cognitivas: comparar, sintetizar, analizar, contrastar, pensamiento divergente, entre otras.

Ser Físico-corporal

Nuestro cuerpo y los órganos que nos dan vida forman nuestro ser físico-corporal, así pues, el respirar, comer, dormir, hacer ejercicio, entre otras actividades comunes, así como la energía que fluye por nuestro cuerpo, son parte de las experiencias que integradas con nuestra mente, nos pueden propiciar salud y bienestar.

Ser Emocional

Si bien nuestro *Ser Cognitivo* y nuestro *Ser Físico-Corporal* están estrechamente unidos, es valioso apuntar que también existe nuestro *Ser Emocional*. Nuestra mente trabaja todo el tiempo, no se detiene, de la misma manera nuestra fisiología está siempre en acción; nuestra sangre circula por todo nuestro cuerpo, respiramos, las neuronas establecen las conexiones adecuadas, pensamos, nos movemos, vivimos. Y así, dentro de todas estas experiencias de vida están siempre presentes nuestras emociones. No hay un solo instante en que no estemos experimentando alguna emoción. Alegría, tristeza, enojo, entre otras emociones, nos acompañan a lo largo del día. Identificarlas y aprender a utilizarlas eficientemente facilita la relación entre lo que pensamos, lo que sentimos y lo que hacemos.

Ser trascendente

Los seres humanos somos seres sociales; vivimos en pareja, familia, comunidades, etc. La estructura social nos cobija y todo lo que pensamos, hacemos y sentimos nos trasciende como personas, de alguna manera. Si abrazo a alguien, u ofrezco una caricia; si grito o golpeo; por medio de una canción, una poesía, o una flor; a través de un consejo, una palabra, una sonrisa, en fin, es inevitable trascender en los "otros".

Cada una de nuestras acciones, pensamientos y sentimientos trascienden, van más allá de nosotros mismos. En este sentido, trascender es una forma de reconocerse, auto validarse, corregirse, identificarse, expresarse. Atender la forma en la que impactan en los "otros" nuestras palabras, pensamientos, acciones, emociones, etc., nos da la oportunidad de aprender de nosotros mismos, reflexionar y crecer como personas.

La relación armónica de las cuatro dimensiones que integran nuestro Ser, facilita el crecimiento humano.

Tres columnas
para fincar
la vida en pareja

En alguna ocasión, un arquitecto amigo mío mencionó que para que una construcción no se derrumbara, eran necesarios por lo menos tres puntos de apoyo; algo parecido necesitamos en la construcción de la relación de pareja, tres columnas fuertes y vigorosas que sostengan y den equilibrio a la relación: RESPETO, RESPONSABILIDAD Y AMOR. Cuando alguna de estas tres columnas se agrieta, la columna puede ser arreglada y reforzada para rescatar a la pareja; pero cuando se destruye una de ellas, la estructura se tambalea y puede caerse dañando a las dos personas involucradas, por lo que es necesario erigir la columna faltante para cimentar la relación en las tres columnas. El resultado de la interacción sinérgica de las columnas mencionadas genera la FORTALEZA y la CONFIANZA necesarias en la vida de pareja. Por lo tanto, si fincamos la relación de la pareja en el RESPETO, la RESPONSABILIDAD y el AMOR, conseguiremos la FORTALEZA necesaria para resistir los embates de la vida; al mismo tiempo que nutriremos la CONFIANZA mutua, tan necesaria para sortear los desafíos derivados de las relaciones interpersonales. No puede haber amor sin respeto y responsabilidad; no existe respeto, sin amor y responsabilidad; no se desarrolla la responsabilidad, sin respeto y amor. Sin embargo, todo lo anterior está fundamentado en decisiones personales. Cada uno de nosotros decide: respetar, ser responsable o amar.

1. RESPETO

Hace algún tiempo le dije a mi esposa: "le tengo mucho respeto al mar". Estábamos los dos a la orilla de la playa disfrutando del paisaje marino, y yo me dejaba maravillar por su majestuosidad, su inmensidad, su misterio.

Sentimos respeto por algo que consideramos valioso e importante, identificando que tiene un sentido trascendente en nuestra vida. Por lo tanto, una manera sencilla y a la vez profunda de mostrar el respeto es en el momento en el que somos incapaces de hacer algún tipo de daño al ser al que respetamos. Dicho de otra forma, el respeto se muestra procurando el bienestar del ser al que respetamos. Si hacemos algo que genere algún tipo de daño emocional, psicológico o físico a una persona, estaremos demostrando que no la respetamos.

En este sentido, es importante comentar que el respeto inicia en uno mismo. Puesto que yo me considero valioso e importante para mí mismo, luego entonces me respeto, es decir no me causo daño alguno, no me lastimo, no me insulto, no me agredo. Si yo me respeto a mí mismo, lo que esperaría de las demás personas es que me respeten. Entonces, si yo me respeto a mí mismo ¿que tendría que hacer para que los demás me trataran con respeto? Desde luego que el principio es respetar a los demás. En el caso de la pareja aplico el mismo principio: debido a que mi pareja es un ser valioso e importante para mí, y es una persona trascendente en mi vida, he de cuidar el no causarle daño alguno, más bien lo contrario, procurar su bienestar, es decir: respetarla.

Respetarse mutuamente, significa entonces, reconocerse como una pareja única y especial, donde cada uno de los integrantes, encuentra la valoración, importancia y trascendencia de su persona en sí mismo y en su pareja. El respeto en la pareja se vive cada día reconociendo en "el otro", a un ser que me procura, y al que yo le procuro bienestar.

Para que el respeto se desarrolle en una pareja, es necesario que los involucrados aprendan las diferentes posiciones en las que fluye el respeto en la relación.

a) Respetarse a si mismo.

b) Darse a respetar.

c) Respetar a la pareja.

d) Respetar la relación de pareja.

A continuación, se presentan cada uno de ellos para identificarlos mejor y poder desarrollarlos.

a) Respetarse a si mismo.
Alberto no toleraba mirarse en el espejo. Me comentó que tenía cuarenta y tres años y sentía que había perdido todo. Por las mañanas cuando se peinaba, lo hacía sin mirarse a los ojos, sin observar su cuerpo. No ponía atención a la ropa que vestía y su alimentación era un desorden; bebía más de la cuenta, discutía por cualquier cosa, y lo peor, tenía tres meses de no ver a sus dos hijas. Sabía que las cosas estaban mal y quería detener ese ritmo desbocado que lo tenía atrapado en una rutina insoportable.

Cinco años atrás Alberto era otro hombre. Acostumbrado a hacer ejercicio, corría todas las mañanas por lo menos un par de kilómetros; sus negocios marchaban adecuadamente y organizaba su tiempo para llevar todos los días a sus hijas a la escuela; los fines de semana se desvivía llevándolas a pasear a diferentes sitios. Sin embargo, la relación con su esposa no era del todo adecuada. No supo cómo, de pronto ella se vio envuelta en otra relación y un día le pidió el divorcio. Él se sintió traicionado, y no dudó en aceptar la separación definitiva. Debido a que su negocio demandaba mucho de su tiempo y atención, no pudo quedarse con la custodia de sus hijas; sin embargo, estaba dispuesto a brindarles todo el cariño necesario y a cubrir todos los gastos para su manutención y estudios.

Todo pasó tan de prisa que de pronto, Alberto no supo qué hacer con doce años de matrimonio, y rentó un departamento iniciando así una vida desordenada y vacía. La decepción y la desconfianza se instalaron como base en sus relaciones interpersonales provocando la inestabilidad. Dejó de hacer ejercicio, descuidó su persona y empezó a beber.

> *- ¿Qué hago? Quiero rehacer mi vida. Encontrarle sentido nuevamente.*
> *- Lo primero. –le dije- Es que recobres el respeto de ti mismo.*
> *- ¡Yo no valgo nada! –exclamo con autocompasión.*

- Si lo dices para que me compadezca de ti y te diga lo contrario, pierdes tu tiempo –le dije tranquilamente-. Tú vales lo que tú quieres valer. Yo no puedo otorgarle valor a tu vida… eso te corresponde solamente a ti. La gente podrá opinar y juzgar todo lo que quiera, pero solamente tú… en tu interior sabes perfectamente quién eres y todo lo que vales. Solamente tú conoces tus habilidades, talentos, capacidades; sabes cuán capaz eres, o cuáles son tus errores.

- ¿Entonces…? –dijo un poco confuso.

- ¿Por qué no empiezas por dejar de tenerte lástima a ti mismo y comienzas a mirarte con orgullo, dignidad y respeto en el espejo?

- ¿Cómo…?

- Te sugiero que llegando a casa te tomes algo así como diez minutos para ti mismo. Detente frente a un espejo y mirarte cuidadosamente. Observa detenidamente tu rostro; la forma de tu boca, tus ojos, tus pómulos en fin toda tu cara; tu cabello, tus orejas; continuas con la forma de tu cuello, tus hombros y así detalladamente todo tu cuerpo… pero, algo importante, mientras lo haces… platica contigo mismo háblate amorosamente y reconcíliate con tu Ser. Estoy seguro de que tú sabes perfectamente en tu interior que has cometido algunos errores, pero no eres un ser maligno que

merece desprecio. Mírate con cariño y otórgate el derecho a ser feliz. Empieza por acercarte a ti mismo. Tienes que aprender a respetarte como ser humano.

Desde el enfoque del Ser Humano Holista, respetarse a sí mismo implica reconocer los atributos Cognitivos, Físico-Corporales, Emocionales y Trascendentes que nos dinamizan como personas, para facilitarles vías de desarrollo. Es necesario abrirle paso a nuestro Ser en Potencia (lo que somos capaces de Ser) para que nuestro Ser en Existencia (lo que somos), encuentre rutas de crecimiento. Reconocernos y darnos la oportunidad de progresar significa: respetarnos.

Práctica:
Soy un Ser único.

De pronto, los asuntos problemáticos del trabajo, la dinámica familiar, el distanciamiento con la pareja, así como los acontecimientos políticos y sociales mostrados en los medios de comunicación, nos abruman demasiado. Tal es la cantidad de asuntos pendientes y desagradables, que sentimos como si se nublara la percepción que tenemos de nosotros mismos, provocándonos un sin sentido existencial. La motivación para iniciar un nuevo día no está presente, lo que nos lleva al desgano y la apatía. Entonces nos preguntamos: "¿Qué sentido tiene todo lo que hago?" Tal pareciera que hemos perdido la brújula que nos orientaba en la dirección correcta y nos encontramos dando vueltas en círculo, rumiando nuestros problemas, atrapados en un agujero absurdo, agotador y sofocante.

Cuando esto sucede, es momento de rescatarnos a nosotros mismos de esa situación molesta que nos provoca angustia y fastidio. El primer paso para iniciar este proceso de recuperación personal. es el reencuentro con uno mismo. Es decir, necesitamos deshacernos de todo lo que nos impide vernos al espejo con claridad para reconocernos con todas nuestras capacidades y valores; tenemos que remover todo aquello que bloquea nuestros oídos y no permite que escuchemos nuestra voz interior, llamándonos suavemente por nuestro nombre; es menester que sacudamos el cuerpo para que caigan los recuerdos emocionales y las tensiones desagradables que no nos permiten extender las piernas para andar ligeros.

Sólo después... cuando actualicemos nuestra historia personal... cuando nos encontremos de nuevo con nosotros mismos... podremos ataviarnos con nuestras habilidades y talentos; vestirnos con nuestros valores y creencias; integrar nuestros ideales y metas, preparándonos así, para estar dispuestos a dar el siguiente paso, el paso para ser felices.

Se trata de recordar que...

"Soy un Ser único"

"No existe otro Ser en el universo igual a mi persona"

"Soy un ser especial"

La siguiente estrategia te permitirá explorar un poco de tu Ser.

IDENTIFICACIÓN DE LA UNICIDAD

Definición de la persona como única, con atributos que la hacen diferente a los demás.

ESTRATEGIA:
- En una hoja en blanco elabora una descripción física de toda tu persona. Reconócete y acepta que así eres.
- Describe brevemente tu personalidad. (Se lo más honesto que puedas).
- Menciona tres o cuatro valores fundamentales en tu vida. Los valores son creencias que nos ayudan a tomar decisiones trascendentes.

- Anota cuatro o cinco habilidades o talentos que posees.
- En algún sillón cómodo o en tu cama, relájate y dedica unos minutos a sentir que eres un ser vivo (siente tu respiración, el movimiento de tus pulmones, el latir de tu corazón, algunas partes de tu cuerpo, etc.)
- Después de unos minutos, cuando te sientas relajado, piensa en todo lo que anotaste: tu descripción física, los rasgos de tu personalidad, tus valores y talentos.
- Posteriormente, responde a la pregunta ¿Qué me hace diferente a los demás?
- Con todo lo anterior, describe una imagen que metafóricamente te represente a ti mismo, algo así como: *"Soy un ave que vuela entre los peñascos más altos"* o *"Soy un felino que camina por la noche de luna llena"* o algo así como: *"Soy un girasol en el campo verde"* en fin... intenta una metáfora que te describa y sobre todo, que te agrade.
- Después... date un tiempo y reflexiona acerca de cómo deseas ser recordado. Es decir, a través del tiempo trascenderás, por lo tanto, la pregunta es: ¿Qué estás construyendo ahora, para ser recordado de la manera en la que tú desearías ser recordado? Trascendemos poco a poco todos los días. En cada contacto con las personas, en cada acción. En cada decisión dejamos algo de

nosotros en los demás que trascenderá en el tiempo y el espacio. ¿Cómo quieres trascender?
- Ahora, escribe algunas notas reflexivas de la experiencia que acabas de vivir.

b) Darse a respetar.

José estaba muy enojado. Le había prohibido a Patricia, su esposa, tomara clases de yoga, y esa mañana mientras caminaban por la calle para subir a su auto, ella había saludado a lo lejos al instructor.

- Pero si no tiene nada de malo –argumentaba ella, defendiéndose-. Es simplemente un saludo.

- Te dije que no irías a ir a tomar clases de yoga y tú lo que haces es saludar al tipo ése, en mis narices –gritoneó él.

- Es por educación.

- ¡Es por coquetería! Además... ¡Lo haces frente a mí porque te dije que no fueras a yoga! ¡Lo haces para hacerme enojar!

- ¡No es cierto...! Lo saludé porque cruzó por nuestro camino. No te lo presenté porque fue por la acera de enfrente. Es pura casualidad. Y no tiene nada de malo saludar en la calle, a una persona que uno conoce.

- ¿Lo conoces...? ¿Lo conoces muy bien?

- Ya te dije, es amigo de Magda, ella toma clases con él. Y yo andaba buscando un lugar para tomar yoga.

> *- Pues ahora con esto que pasó, es todavía más claro. ¡Tienes estrictamente prohibido ir a yoga! -ordenó fuertemente José.*
> *- ¡Pero es que yo…! -titubeó Patricia-. Yo quiero ir.*
> *- ¡No entiendes, necia…! -gritó enfurecido, José-. ¡Ya dije que no irás a nada de yoga! ¡Y si me entero de que fuiste te rompo el hocico, por ramera! –mientras decías las últimas palabras, sujetaba fuertemente a Patricia por los hombros y la encaraba-. ¡Entiendes… estúpida…!*
> *- ¡Suéltame…! ¡Me estás lastimando…! - exclamó Patricia, molesta y dolida.*
> *- ¡Dime que no vas a ir a yoga…! ¡Dímelo…! – vociferaba José.*

Patricia se zafó de las manos de José y salió corriendo. No era la primera vez que José la trataba de esa manera. Él le grito que se detuviera, y trató de alcanzarla. Cuando ella lo notó, corrió instintivamente, pero por la desesperación perdió el control, tropezó y cayó de bruces lastimándose las rodillas, las manos y la cara. Él se acercó, le ayudó a levantarse y le dijo: "Ya ves. Esto te pasa por no hacerme caso".

Como hemos anotado al inicio de este apartado: el respeto se fundamenta en la valoración que nos otorgamos a nosotros mismos. Ese valor de auto respeto nos permite crecer y apreciar todo lo que hacemos. Respetarnos es cuidarnos y procurar nuestro bienestar. Si por alguna razón, nuestra pareja no nos otorga el respeto que merecemos, es decir, no nos valora adecuadamente, entonces, sus acciones tenderán a dañarnos. Por esa razón, es importante darse a respetar con la pareja.

Darse a respetar no significa discutir con las personas para defender nuestros puntos de vista y nuestra dignidad. Más bien, requiere de la asertividad como estrategia. Es decir: hablar lo que se tenga que hablar con la pareja, en el momento adecuado, para definir los límites personales y así, orientar a la otra persona para que comprenda cuándo está traspasando la frontera del respeto personal.

Algunas ocasiones en las que es necesario hablar con nuestra pareja para resolver diferencias y señalar la falta de respeto, para así darnos a respetar puede ser cuando:

- Tu pareja utiliza palabras altisonantes y ofensivas en tu contra.
- Tu pareja ofende a tus familiares o amistades.
- Tu pareja abusa de las responsabilidades que te atañen exigiéndote que hagas algo que no te corresponde.
- Tu pareja te exige la realización de acciones que no deseas hacer.
- Tu pareja engaña y miente.
- Tu pareja llega a la violencia física.

Se recomienda:
- Señalar respetuosamente a nuestra pareja, lo que, a nuestro juicio, es una falta de respeto y ofrecer opciones.
- No callar cuando sucede algo que consideremos una "grave" falta de respeto. Si sucede una vez, puede repetirse. El riesgo de permitirlo en una ocasión, es que puede convertirse en una forma de trato cotidiano. Por lo tanto, es necesario hablar a tiempo con la pareja, acerca del tema, dejando clara nuestra posición al respecto.
- No aceptar que nuestra pareja nos agreda física, emocional y psicológicamente. Si no es posible resolver personalmente los conflictos es recomendable solicitar ayuda profesional. La psicoterapia de pareja suele ser efectiva.

c) Respetar a la pareja.

Derivado de lo anterior, tenemos el respeto a la pareja. Por un lado, procuramos darnos a respetar, por el otro tenemos que aprender a respetar a nuestra pareja.

- ¿Soy bonita? –preguntó ella a su novio.
- Cuando estás dormida, no te ves mal.
–respondió él.

Tal sarcasmo, es una muestra de cómo una persona le falta el respeto a otra.

Desafortunadamente en muchos casos la situación es aún peor. El maltrato, expresado en insultos, golpes o abuso sexual, son algunas de las formas en las que una persona no respeta a su pareja.

> *- Tienes horas en la computadora y solamente me muestras tres minutos de un video ¿Eso es todo lo que puedes hacer? –afirmó ella criticando el trabajo de él.*
> *- No tienes idea del trabajo creativo para editar un video –respondió él.*

Menospreciar el trabajo de la pareja, es una de tantas formas de no respetar a la pareja y por ende dañar la relación.

Si no me respeto a mí mismo no estaré preparado para darme a respetar; si no respeto a mi pareja no podré pedir que ella me respete. De nuevo, el fundamento del respeto es no hacer algo que me perjudique en lo personal, cause daño a mi pareja, o deteriore la relación; es decir, tenemos que procurar el bienestar personal y de nuestra pareja.

Se recomienda considerar los siguientes aspectos:

- Interesarse por conocer mejor a la pareja.
- Apoyar a la pareja en sus decisiones y proyectos personales.
- Reconocer las habilidades y talentos de la pareja.

- Poner atención a lo que dice. Escuchar.
- No criticar sus gustos, preferencias o diversiones.
- Reconocer que las personas son diferentes, como algo natural que merece el mismo valor y trato.

d) Respetar la relación de pareja.

Estela llegó puntual a su cita. La última ocasión, ella se sentía bien consigo misma y consideraba que su problema estaba superado, eso había sido un par de meses atrás. En las sesiones pasadas habíamos avanzado lo suficiente como para que ella recuperara la confianza en su esposo e intentara rescatar su matrimonio. Pero ahora, se le notaba deshecha.

> - *¡Lo descubrí! -dijo en un tono amargo y lleno de coraje- ¡Le caí en la mentira! Ahora sí estoy segura de que me engaña.*
> - *Pero… ¿qué sucedió, Estela? –expresé cuando vi su rostro alterado.*
> - *Le descubrí un mensaje en su celular… la llama "mi Pequeña", a mí nunca me dice algo tierno y a ella la llama "mi Pequeña" -explicó entre llanto, coraje, e impotencia.*
> - *Trata de relajarte –le indiqué-. Respira lento y profundo… mientras piensas que existe la posibilidad de resolver todo lo que ahora te aqueja.*

- *Lo intentaré, pero estoy muy alterada - expresó quejosamente.*
- *Te entiendo, ha de ser decepcionante descubrir que tu pareja te es infiel.*
- *Son tantos años juntos. Pero a él no le han importado -se dijo a si misma.*
- *Mereces respeto. Todos lo merecemos -le externé firmemente.*

Cuando Estela llegó a mi consultorio, meses atrás, su problema se centraba en lo mal que se sentía consigo misma. La situación problemática planteada en ese entonces mostraba que después de once años de matrimonio, ella se sentía sola. ¿Cómo hacer para que su esposo la tomara en cuenta? ¿Cómo rehacer la convivencia? Quería sentirse bien y demostrarse a sí misma que era capaz de rehacer su vida matrimonial. En ese entonces, ella desconocía la causa precisa del distanciamiento entre los dos. Consideraba que la rutina, el trabajo diario, la educación de los hijos, las labores domésticas, y todas esas cosas en las que ella había invertido tiempo y energía, eran parte del problema. Sin embargo, ahora descubría que no era así; su esposo sostenía una relación extramarital, iniciada más de dos años atrás.

El respeto es una decisión personal. Nadie puede obligarnos a que respetemos a alguien; así mismo, nadie puede obligarnos a faltarle al respeto a otra persona. Somos enteramente responsables de respetar o no, a nuestra pareja.

El asunto es, que dos personas adultas con historias personales diferentes, que deciden compartir sus vidas, tienen que aprender a respetarse mutuamente y respetar la relación de pareja.

Recomendaciones:
- Compartir puntos de vista en la toma de decisiones.
- Escuchar atentamente a nuestra pareja.
- Expresar lo que pensamos de manera respetuosa.
- Aprender a dar y recibir retroalimentación en pareja.
- Procurar tiempo de convivencia de pareja.
- Aceptar que la pareja esta compuesta con dos personas diferentes, dos formas de interpretar la realidad basadas en la experiencia personal de cada uno.
- Tener interés genuino por el "mundo" de la pareja.
- Brindar apoyo cuando es necesario.

ACTIVIDAD

- Anota cinco acciones muy específicas por medio de las cuales procuras el RESPETO A TU PERSONA.

....

....

....

....

....

- Anota cinco acciones muy específicas por medio de las cuales te DAS A RESPETAR con tu pareja.

....

....

....

....

....

- Anota cinco acciones muy específicas por medio de las cuales RESPETAS A TU PAREJA.

....

....

....

....

....

- Anota cinco acciones muy específicas por medio de las cuales RESPETAS TU RELACIÓN DE PAREJA.

....

....

....

....

....

- Al término de quince días repasa estas notas, evalúa tu comportamiento y realiza los ajustes necesarios.

2. RESPONSABILIDAD.

La palabra responsabilidad deriva del latín *responsum,* una forma latina del verbo "responder", de manera que podríamos decir que "responsabilidad" significa: responder con habilidad, es decir, no simplemente responder; sino más bien, responder con la habilidad que nos demanda una situación particular. Soy responsable cuando cumplo mis compromisos utilizando mis recursos cognitivos, físico-corporales, emocionales y trascendentes.

Cada uno de nosotros tiene la libertad de elegir el "cómo" responder a los asuntos en los que se compromete. La vida en pareja es una elección libre, la cual ha sido asumida por dos personas que haciendo uso de su derecho a decidir con quién vivir su vida, seleccionan una persona en particular. La forma en que cada uno de ellos responda a ese compromiso adquirido tiene que ver con su responsabilidad, es decir su capacidad de "responder" con "habilidad" a las situaciones generadas por la convivencia en pareja.

Todos los asuntos relacionados al matrimonio son responsabilidad de los dos integrantes de la pareja. La economía del hogar, la educación de los hijos, la salud de sus miembros, la diversión, las labores domésticas, el ambiente familiar, etc., requieren de las habilidades de cada uno de los miembros de la pareja para ser atendidos responsablemente.

Hugo trabajaba en una empresa privada como administrador, mientras que Claudia, su esposa, se desarrollaba como educadora en un Jardín de Niños. Llevaban doce años casados y tenían dos hijos: Hugo Arturo y Claudia María, de diez y ocho años respectivamente. En realidad, todo marchaba bien entre ellos, solamente que en ocasiones la rutina, las presiones del trabajo, la crianza de los hijos, entre otros factores, llevaban a la pareja al cansancio, surgiendo las discusiones entre ellos, aparentemente sin sentido. Claudia reclamaba a Hugo diciéndole que no la apoyaba lo suficiente; ella se encargaba de que la ropa de toda la familia estuviera limpia, utilizando la lavadora o llevándola a la lavandería, sin embargo, él no era ni siquiera capaz de doblarla y acomodarla en el sitio correspondiente. Por otro lado, aunque tenían contratada una persona que les ayudaba con los quehaceres del hogar, Hugo no colaboraba, no era ni siquiera capaz de recoger su plato de la mesa cuando comían, ni de lavar una cuchara o un vaso que ocupara. Por su parte, Hugo comentaba que él sí doblaba su ropa y que inclusive él mismo estaba al pendiente de sus camisas y trajes para ir a su trabajo. Reconocía que, en cuanto a labores del hogar no hacía gran cosa, pero argumentaba que cuando llegaba de la oficina estaba cansado y lo que menos deseaba era lavar trastes o doblar ropa. Sin embargo, comentaba que algunos días él era responsable de pasar por los niños para recogerlos de sus actividades, como el karate y el ballet, llevándolos a casa y que inclusive los sábados apoyaba en algunas actividades hogareñas como regar el jardín o llevar a lavar el coche.

Cada uno de ellos consideraba que cumplía con sus responsabilidades, sin embargo, pareciera que para la otra persona no era así.

Cada uno de nosotros toma decisiones y realiza actividades considerando que lo que hace es correcto, el asunto en cuestión es que cuando vivimos en pareja es necesario considerar todos los elementos que intervienen en la convivencia diaria para consensar y tomar acuerdos en beneficio de las personas y la relación.

ACTIVIDAD

Se recomienda que la pareja encuentre el tiempo y las condiciones adecuadas para trabajar los siguientes aspectos:

- Elaborar juntos el presupuesto familiar.
- Enlistar las responsabilidades domésticas y asignar responsables.
- Anotar entre los dos, una serie de actividades recreativas y de convivencia de la pareja, y otra de la familia.
- Hacer un calendario familiar con horarios para la realización de tareas domésticas, escolares y de trabajo, así como de descaso, comida y diversión. Es recomendable que participen todos los miembros de la familia en la elaboración de este calendario.
- Identificar cada miembro de la familia, en lo personal, los aspectos en los que es necesario mejorar.

3. AMOR.

Nos damos cuenta de que amamos a alguien porque el amor es un sentimiento muy profundo y especial. Es algo difícil de expresar verbalmente, sin embargo, sabemos que existe y que es algo maravilloso y trascendente. El asunto consiste en que el amor es una experiencia vivencial. Es decir, al igual que nuestra vida transcurre en el instante mismo en el que la vivimos, lo mismo sucede cuando sentimos amor, existe en el momento en el que estamos con la persona amada. El amor es efímero, no lo podemos atrapar, pero si lo podemos generar. Cada uno de nosotros puede propiciar instantes de felicidad, así mismo podemos crear momentos de amor. Cuando recibimos un mensaje de la persona amada en el teléfono celular, o por cualquier otro medio, experimentamos una sensación muy particular, esa emoción acompañada por nuestro cuerpo y nuestra mente al leer las palabras, accionan un recuerdo (cognitivo, físico-corporal, emocional y trascendente) por lo que vivimos un reflejo del amor, algo que ocurrió en el pasado como una experiencia vivencial grata y maravillosa que deseamos volver a vivir, por eso es que el amor trasciende tiempo y espacio.

El amor integra nuestro Ser cognitivo (todos nuestros pensamientos, recuerdos, ideas, ilusiones, sueños, etc.); nuestro Ser Físico-corporal (sensaciones en nuestro cuerpo, respiración, aromas, sabores, energía corporal, etc.); nuestro Ser emocional (el caudal de sentimientos vividos junto con nuestra pareja.); y nuestro Ser trascendente (la manera en la que se proyecta, se expande en nuestra pareja, la forma en la que somos percibidos por ella, en lo que dejamos en los demás, como seremos recordados, etc.).

Cuando vivimos una experiencia en la que sentimos amor, usualmente solo atendemos al sentimiento, nos dejamos llevar por éste y descuidamos el resto de nuestro ser. Si aprendemos a integrar nuestros sentimientos con nuestros pensamientos, nuestra fisiología, y ponemos atención a la manera en que impacta en los demás trascendiéndonos, seremos capaces de procurar las condiciones existenciales necesarias para poder vivir el amor de manera mucho más permanente, y sobre todo: aprender a dar y recibir AMOR.

Samantha se acercó con una sonrisa amorosa y una libreta vieja en la mano. Dante la miraba con atención, mientras sus ojos mostraban ese brillo cálido y cariñoso que expresaba todo lo que él sentía por ella. Juntos, en aquel rincón de la sala donde habían pasado muchas horas conversando, se reunían nuevamente. Entonces Samantha comenzó a leer un texto de aquella deslucida libreta; se trataba de un poema escrito por ella hacía más de cincuenta años. Pensamientos que habían capturado los instantes primeros del encuentro entre ellos. Y mientras Samantha leía aquel viejo poema, Dante revivía en su memoria, los sentimientos y sucesos de aquellos días maravillosos en los que ambos se reconocían como pareja y construían poco a poco el amor que los llevaría a celebrar el día de hoy su cincuenta aniversario de bodas.

ACTIVIDAD

A continuación, encontrarás una serie de enunciados que tienen el propósito de provocar la reflexión, así como de motivar la realización de actividades que vigoricen el amor en la relación de pareja.

La pareja es...

- *el testigo amoroso de la historia personal.*
- *la compañera de la vida.*
- *el apoyo incondicional en los momentos difíciles.*
- *el refugio en la tristeza y desasosiego.*
- *la risa que levanta el ánimo.*
- *la caricia que acompaña toda la vida.*

La pareja es... el testigo amoroso de la historia personal.

Carmen le pidió a su esposo que le diera unos minutos pues quería compartir con él algo que había sucedido con su hermana. Esa noche, una vez que habían dejado a sus hijos en cama listos para dormir, fueron a la sala para platicar.

- *¿Qué sucede? -comentó Aurelio interesado en apoyar a Carmen.*
- *No es nada grave, posiblemente una tontería, pero necesitaba platicarlo con alguien - respondió ella.*
- *No te preocupes, coméntame que pasó con tu hermana.*

Carmen le platicó a su esposo que por la mañana había conversado con su hermana para decidir si era necesario llevar a su mamá con un especialista para que la revisara de su malestar estomacal, como opinaba ella; o si debiesen esperar a su siguiente cita con el geriatra, la cual sería el lunes de la próxima semana, como opinaba su hermana.

> - *Lo más importante es la salud -afirmó Aurelio-. ¿Qué tan grave será ese malestar?*
> - *No lo sé. Algo que cenó ayer -respondió ella.*
> - *¿Y si llamas de nuevo a tu hermana para saber cómo sigue tu mamá? Si ya está mejor no será necesario llevarla a un médico, y podrán esperar al lunes para llevarla al geriatra, de lo contrario será prudente llevarla.*

Así lo hizo ella, con más calma habló con su hermana quién le dijo que su mamá estaba estable y que había pasado un día tranquilo, por lo que acordaron que esperarían al lunes para llevarla a su consulta mensual.

ACTIVIDAD.

Durante la semana, está pendiente de los acontecimientos importantes de tu pareja para escucharla y apoyarla. Al mismo tiempo busca la oportunidad de compartir con tu pareja los asuntos que consideres importantes.

La pareja es... la compañera de la vida.

Virgilio le tomo suavemente la mano y dándole un amoroso beso al tiempo en que le mostraba una foto, le dijo: "¿Te acuerdas, Clarisa? Eso fue hace muchos años". "Como no acordarme- le respondió ella-, eso fue cuando fuimos a Morelia a visitar el santuario de la mariposa monarca. Ese día cumplíamos 20 años de casados".

ACTIVIDAD.

Durante la semana recuerda una o dos experiencias agradables que hayas vivido con tu pareja. Busca el momento adecuado y conversa con tu pareja trayendo ese grato recuerdo. Repite esta actividad por lo menos una vez a la semana.

La pareja es... el apoyo incondicional en los momentos difíciles.

Cuando Manolo regresó de la oficina venía abatido. Lo de ese día no había sido simplemente una discusión más con los colegas, sino más bien el punto final a una etapa llena de agresiones y falta de respeto de los compañeros de trabajo de Manolo. El asunto se relacionaba con la envidia que tenían un par de compañeros de trabajo, los cuales se encargaban de dispersar toda suerte de rumores calumniando a Manolo, con la idea de desprestigiarlo y molestarlo para hacerlo renunciar. Manolo se hartó de esta situación y los confrontó, minutos después sostenía una reunión con su jefe solicitando su renuncia, no estaba dispuesto a seguir trabajando en un lugar donde no se le respetaba.

Ester escuchó atentamente a Manolo, él ya la había puesto al tanto de la situación tiempo atrás.

- No te preocupes Manolo, -dijo ella en tono cariñoso. -resolveremos lo económico mientras encuentras una opción de desarrollo más favorable. Mereces respeto, ese no era lugar para ti.

ACTIVIDAD

Procurar las condiciones adecuadas para reflexionar acerca del "cómo" es que apoyas a tu pareja cuando vive alguna situación difícil y hazle saber que cuenta contigo en cualquier situación que se presente.

La pareja es... el refugio en la tristeza y desasosiego.

José giró la cerradura del departamento, y abriéndole la puerta a Estela, le ofreció con un pequeño ademán amable, la entrada. Ambos venían cansados después de asistir al entierro del abuelo de Estela. Ella se quitó el abrigo que traía aventándolo en el sillón más cercano mientras él, acercándose cuidadosamente, le decía:

- ¡Quieres que pidamos algo de comer?

- No tengo hambre -objetó ella.

-Entiendo, han sido un par de días dolorosos, pero tienes que cuidarte y comer algo.

- No me apetece nada, de verdad -expresó Estela con desgano.

- Te propongo lo siguiente: recuéstate un poco, mientras voy a comprar de esa comida china que tanto te gusta. Solamente comerás lo que te apetezca. ¿Te parece? Hay que descansar y poco a poco recuperarse -dijo José cariñosamente.

ACTIVIDAD

Reflexiona acerca de la manera en la que ofreces cuidado y protección a la pareja. Hazle saber a tu pareja que siempre estarás a su lado apoyándola.

La pareja es... la risa que levanta el ánimo.

Esa tarde de sábado Francisco había pensado llevar a Clarisa al cine, sin embargo, ella estaba cansada de una semana de arduo trabajo, y a la vez un poco deprimida porque su madre estaba enferma, nada grave pero finalmente en cama. Fue entonces que a Francisco se le ocurrió la idea de buscar una película divertida en internet, preparar unas palomitas caseras y le dijo a Clarisa: "no saldremos de casa, pero te propongo que por un par de horas dejes las preocupaciones de lado y te relajes un poco. Ya verás que todo se soluciona y te sentirás mejor".

ACTIVIDAD

Juntos elaboren una lista de actividades recreativas que disfrutan los dos. (Cantar Karaoke, compartir una cesta de palomitas viendo una película de comedia en casa, jugar algún deporte, o juego de mesa, leer, salir a cenar, etc.) Procuren realizar alguna de estas actividades juntos por lo menos una vez a la semana, es importante señalar que se trata de actividad en pareja, independientemente de que también sean necesarias las actividades familiares con los hijos.

La pareja es... la caricia que acompaña toda la vida.

"Te queda muy bien ese collar, va de acuerdo con tu personalidad. Te ves bonita." "Gracias", asintió ella. Unos minutos más tarde caminaban por el parque como si fueran novios tomados de la mano. Era la tarde de un viernes de verano y aprovechaban la oportunidad para sentirse cerca uno del otro confirmando que el tiempo es relativo y el amor intemporal. Y así, compartiendo algunos pensamientos, pasaron unas horas conversando, recordando los más de quince años de matrimonio.

Más allá de cursilerías y modas, las personas necesitamos que nuestra pareja reconozca lo que aportamos cotidianamente a la relación, así como un poco de elogio para sentirnos mejor y reconocer que somos importantes para la otra persona. Si bien las caricias ofrecidas por medio del contacto físico son necesarias, pues aportan vibración energética agradable a nuestro ser; las "caricias" por medio de palabras y frases cariñosas nos otorgan sensaciones de bienestar que alimentan nuestro ser existencial.

ACTIVIDAD

Revisa las siguientes acciones y frases, reflexiona acerca de ellas y de cómo las realizas, para después agregar otras que consideres faltan en esta lista.

Situaciones cotidianas que en ocasiones pasamos desapercibidas.

- Dar los buenos días cada mañana.
- Agradecer por la comida elaborada y servida.
- Abrir la puerta del auto.
- Reconocer algún logro de la pareja.
- Dar una caricia que muestre nuestro amor a la pareja.

Acciones:

. . . .

. . . .

. . . .

Palabras de reconocimiento que tienen la intención de reconocer algo en la pareja y que pasamos por alto perdidos en la cotidianeidad.

- ¡Que bien te queda ese vestido!

- ¡Que bonita eres!

- ¡Luces atractiva con ese corte de pelo!

- ¡Te queda bien esa corbata!

- ¡Esa camisa es de tu estilo!

Palabras:

. . . .

. . . .

. . . .

Basado en el apartado anterior, ella y él anotarán un par de ejemplos que ilustren cada una de las siguientes frases. Una vez hecho ésto, compartirán sus respuestas:

Vivir en pareja es:

Aprender a compartir la alegría y el éxito de un proyecto.

Ejemplo 1:

Ejemplo 2:

Caminar junto al ser que mejor te conoce platicando tus quimeras.

Ejemplo 1:

Ejemplo 2:

Llegar a la mesa iluminada por las velas a compartir el pan, el vino y una canción.

Ejemplo 1:

Ejemplo 2:

Navegar en el mismo barco descubriendo nuevos puertos.

Ejemplo 1:

Ejemplo 2:

Dormir sabiendo que hay alguien con quién soñar.

Ejemplo 1:

Ejemplo 2:

Cuidarse mutuamente.

Ejemplo 1:

Ejemplo 2:

Cobijarse juntos.

Ejemplo 1:

Ejemplo 2:

Andar descalzos.

- 57 -

Ejemplo 1:

Ejemplo 2:

Compartir la vida.

Ejemplo 1:

Ejemplo 2:

FORTALEZA Y CONFIANZA

Derivados de las Tres Columnas para Fincar la Vida en Pareja: RESPETO, RESPONSABILIDAD y AMOR; surgen dos ingredientes fundamentales en el desarrollo humano de la pareja: la FORTALEZA y la CONFIANZA.

Natalia se había casado con Enrique quince años atrás. Desde el inicio, ella supo que él era el hombre de su vida. Enrique, siempre responsable y cuidadoso de su hogar, disfrutaba los fines de semana la compañía de su esposa y sus hijos, pues durante la semana los compromisos con la empresa ocupaban mucho de su tiempo. Sin embargo, todos los días llevaba a sus hijos a la escuela y usualmente se daba espacio para salir a cenar por lo menos una vez a la semana con Natalia; ellos dos solos, refrendando el amor que sentían el uno por el otro.

Ahora, su hija de catorce años, Nataly, se hacía cargo de la casa cuidando a sus dos hermanitos: Quique de 12 y Mary de 10 años respectivamente. Las circunstancias habían cambiado, una noticia desafortunada había obligado a Natalia a ir al hospital: Enrique había tenido un accidente.

Cuando Natalia habló con el médico, ella ya intuía el diagnóstico. Enrique tenía una lesión en la columna vertebral, afectando sus extremidades inferiores; sus piernas no le respondían. El doctor le explicó a ella que era imposible realizar alguna operación y que sería necesario iniciar un programa fisioterapéutico, con la finalidad de procurar la circulación sanguínea en las piernas para evitar una complicación. Por otro lado, no era posible pronosticar si pudiese caminar nuevamente. Lo que quedaba, era trabajar todos los días en la rehabilitación con la esperanza de que Enrique pudiera recobrar, por lo menos parcialmente, algunos movimientos en las piernas.

Natalia entró al cuarto donde se encontraba Enrique hospitalizado. El médico especialista ya había hablado con Enrique, de manera que ambos sabían el diagnóstico. Ella se acercó a la cama y antes de que él dijera alguna palabra Natalia le dijo:

> *- Tú has cuidado de nosotros todo este tiempo, ahora ha llegado el momento en que me toca cuidarte a ti. Con amor, tendremos la fortaleza para enfrentar este pasaje de nuestra vida.*

La pareja se abrazó, y con un beso sellaron el compromiso de salir adelante con la fortaleza que les brindaba su amor.

Tres años más adelante, Enrique podía caminar. Natalia había estado con él todos los días apoyándolo y ofreciéndole toda la confianza necesaria para que él lograra dar los primeros pasos. Las columnas en las que habían fincado su matrimonio: RESPETO, RESPONSABILIDAD y AMOR, habían generado la FORTALEZA y la CONFIANZA precisas, para que ellos dos pudieran salir adelante.

Hay períodos de la vida en pareja, los cuales requieren de la unión profunda de los dos integrantes, poniendo a prueba los elementos que los unen. Una pareja que vive en: RESPETO, RESPONSABILIDAD y AMOR, se encuentra en posibilidades de desarrollar la FORTALEZA y la CONFIANZA necesarias para afrontar situaciones adversas y difíciles.

Lo más valioso que tenemos los seres humanos es la vida. Por lo tanto, cuidarse mutuamente, apoyarse y procurar la comprensión entre la pareja son algunos de los atributos a desarrollar para lograr el propósito final de vivir en pareja: COMPARTIR LA VIDA.

ACUERDO DE CONVIVENCIA CON LA PAREJA

Usualmente las parejas inician a vivir juntos dando por hecho que ambos podrán convivir descubriendo día a día las situaciones que deberán afrontar. Sin embargo, al no contar con un proyecto de matrimonio elaborado por los dos integrantes, lo que sucede usualmente es que encuentran a su paso una serie de dificultades las cuales tratan de resolver de manera individual; cada uno considerará que su propuesta de solución es la mejor y entonces comienzan las dificultades. No se trata de una lucha de poder entre ellos, ni tampoco de señalar quién de los dos es más inteligente o tiene la mejor propuesta, el asunto en cuestión se refiere al hecho de que la buena intención de cada uno de ellos está planteada desde una perspectiva persona, cada uno tiene su propia experiencia y considera que tal o cual propuesta es mejor.

Una de las grandes enseñanzas que nos deja vivir en pareja es *aprender a pensar en dos*. Cada una de las decisiones que tome cualquier de los dos afectará de alguna manera a la pareja. Ambos forman un sistema en el que es necesaria la unión de los integrantes para fortalecer y desarrollar la relación.

ACTIVIDAD

Se propone un sencillo pero profundo ejercicio por medio de cuatro preguntas.

1. Cada uno anota las cuatro preguntas y las responde de manera individual. Es recomendable darse el tiempo suficiente para meditar las respuestas. En algunos casos cada uno trabaja sus preguntas por un par de días. Las preguntas son:

¿Cuál es el propósito de vivir en pareja? ¿Qué sentido tiene vivir en pareja?

¿Cómo visualizo mi familia ideal?

¿Cuáles son las expectativas que tengo de mi pareja?

¿Qué estoy dispuesto(a) a aportar para que mi pareja y mi familia crezca en armonía?

Sugerencias para la reflexión de las preguntas:

¿Cuál es el propósito de vivir en pareja? ¿Qué sentido tiene vivir en pareja?

En este apartado es recomendable que cada uno externe de manera clara y sencilla lo que considera como propósito, cómo finalidad última. No se trata de enumerar metas, las metas son solamente los pasos necesarios para llegar a un fin.

¿Cómo visualizo mi familia ideal?

Esta pregunta nos acerca al mundo de la pareja. Es recomendable anotar ejemplos del "cómo visualizo". Si anoto visualizo una familia feliz, será necesario anotar un par de ejemplos de "cómo" es que me doy cuenta de que la familia es feliz.

¿Cuáles son las expectativas que tengo de mi pareja?

Es el momento de anotar las consideraciones personales de lo que uno desea encontrar en una pareja. Recordemos que no somos seres perfectos y que nuestra apreciación es construida desde nuestro paradigma de la realidad. Sin embargo, es muy valioso que cada uno escuche con atención lo que la pareja espera. Será necesario en su momento reconocer lo que cada uno puede ofrecer para acercarse a la expectativa de la pareja.

¿Qué estoy dispuesto(a) a aportar para que mi pareja y mi familia crezcan en armonía?

Ahora toca llevar la reflexión al ámbito personal. Se trata de anotar acciones precisas con la que haz de comprometerte de manera firme puesto que se supone son elegidas por decisión personal, así mismo, son una forma de expresar amor, respeto y responsabilidad.

2. Una vez que cada uno de ellos a reflexionado acerca de sus respuestas, acuerdan un día y hora en la que compartirán sus ideas. Se trata de que cada uno escuche con atención lo que su pareja a escrito sobre cada pregunta, se recomienda no sacar conclusiones apresuradas, no es necesario terminar el ejercicio en una sola sesión, podrán reunirse a compartir sus ideas las veces que sea necesario.

3. Escuchar con atención, y en su momento expresarse se manera sencilla y clara. Preguntar para esclarecer dudas no para cuestionar a la pareja, y por otro lado, explicar para que los pensamientos queden lo más claro posible.

4. Se sugiere identificar primero los puntos en común, recordemos que cada uno de nosotros tiene su particular forma percibir e interpretar la realidad basada en nuestra experiencia de vida. Una mente abierta al mundo del otro facilita la comprensión.

5. Una vez que han compartido sus ideas, dejen un tiempo para que la mente sin presiones elabore y procese la información recibida, es decir permitamos que la reflexión nos guíe.
6. Una vez procesada las aportaciones de la pareja es momento para que juntos elaboren un solo texto que contenga las propuestas de cada uno y los acuerdos derivados de las reflexiones.

FINALMENTE

La experiencia humana es un constante reto, cada día aprendemos algo nuevo pues crecer y desarrollar nuestros atributos humanos, es parte de la vida. La convivencia con la pareja se presenta como la gran oportunidad de incorporar nuevas formas de reflexión acerca del significado que tiene el compartir la vida con otra persona, enseñándonos a pensar en "dos", así pues, nos coloca en la frontera del egocentrismo para motivarnos a conocer otra manera de entender el mundo, sacudiendo nuestro paradigma personal, y acercándonos al paradigma de nuestra pareja.

Aprender a vivir en pareja es el mayor reto que tiene la especie humana, al mismo tiempo, considero, la más grande oportunidad de crecer como seres humanos.

Estoy convencido de que si la gente viviera basándose en el RESPETO, la RESPONSABILIDAD y el AMOR, el mundo sería un lugar mucho más fraterno.

Dejó esta pequeña contribución en sus manos para que al reflexionar y trabajar en las sugerencias de cada apartado, juntos contribuyamos en la mejora de las relaciones humanas.

PSIC. CARLOS ROBLES

Más de 30 años de experiencia y profesionalismo.
En este tiempo ha brindado ayuda psicológica a
través de consulta privada.
Sus técnicas de intervención incluyen:
terapia cognitiva, programación neurolingüística,
terapia breve e hipnosis.

Ha impartido diplomados, talleres, consultoría y
coaching en diferentes organizaciones.

Su preparación profesional incluye:
- B.A. Augsburg University (E.U.A.)
- M.A. University of Minnesota (E.U.A.)
- M.A. Psychology, Lacrosse University (E.U.A.)
- Diplomado en Terapia Breve (BUAP)
- Programación Neurolingüística (Grinder, De
Lozier y Asocciates)

https://terapia-df.weebly.com/

En Holos Arts Project estamos agradecidos por tu
lectura del presente libro. Si el contenido te ha dejado
satisfecho, puedes regalarnos una calificación en la
página de Amazon. Te invitamos a seguir en contacto
con nosotros, a través de nuestra página de internet
para tener conocimiento de las últimas novedades.

https://holosartsproject.weebly.com/